Osos grizzly

Grace Hansen

Abdo
ANIMALES DE
AMÉRICA DEL NORTE
Kids

abdopublishing.com

Published by Abdo Kids, a division of ABDO, PO Box 398166, Minneapolis, Minnesota 55439.

Printed in the United States of America, North Mankato, Minnesota.

102016

012017

THIS BOOK CONTAINS RECYCLED MATERIALS

Spanish Translator: Maria Puchol

Photo Credits: iStock, Shutterstock

Production Contributors: Teddy Borth, Jennie Forsberg, Grace Hansen

Design Contributors: Laura Mitchell, Dorothy Toth

Publisher's Cataloging-in-Publication Data

Names: Hansen, Grace, author.

Title: Osos grizzly / by Grace Hansen.

Other titles: Grizzly bears. Spanish

Description: Minneapolis, MN : Abdo Kids, 2017. | Series: Animales de América del Norte | Includes bibliographical references and index.

Identifiers: LCCN 2016947853 | ISBN 9781624026683 (lib. bdg.) | ISBN 9781624028922 (ebook)

Subjects: LCSH: Grizzly bear--Juvenile literature. | Spanish language materials--Juvenile literature.

Classification: DDC 599.784--dc23

LC record available at http://lccn.loc.gov/2016947853

Contenido

Osos grizzly 4

Alimentación e hibernación 14

Crías de osos grizzly 18

Más datos 22

Glosario 23

Índice 24

Código Abdo Kids 24

Osos grizzly

Los grizzlies viven en América del Norte. Viven en algunas zonas de Estados Unidos. Se los encuentra también en Canadá.

Los grizzlies viven en muchos **hábitats** diferentes. Viven en bosques y praderas. Les gusta estar cerca de ríos y arroyos.

Los grizzlies tienen el pelaje denso. Casi siempre es de color café oscuro. Algunos pueden ser de color claro o negros.

Los grizzlies comen muchas cosas. Principalmente comen frutos secos, bayas y otras plantas. Su comida favorita es el salmón.

Estos osos tienen una joroba en la espalda. Es un músculo que les sale por cavar. Los osos cavan para buscar comida. También cavan para hacer sus **oseras**.

Alimentación e hibernación

Los grizzlies comen mucho. Comen aún más antes del invierno. Tienen que subir mucho de peso. Así se preparan para **hibernar**.

La mayoría de los osos grizzly duermen todo el invierno. Duermen en **oseras**. Las oseras los mantienen calientes y a salvo.

Crías de osos grizzly

Las hembras tienen crías en invierno. Las crías se llaman oseznos. Los oseznos beben leche materna. Las madres no comen en todo el invierno.

Los machos se van de la **osera** en marzo. Las hembras y los oseznos se van en abril o mayo. Para entonces los oseznos ya están fuertes.

Más datos

- En Canadá y en Alaska a estos osos se los llama osos pardos.
- Los grizzlies se preparan para la **hibernación**. Comen mucho. ¡Suben alrededor de 3 libras de peso (1.4 kg) al día!
- Durante el invierno los grizzlies pierden hasta el 30% de su peso.

Glosario

hibernación – estado inactivo que adoptan algunos animales para pasar los meses del invierno; este estado los protege del frío y reduce su necesidad de alimentarse.

hábitat – espacio donde generalmente vive un animal de manera natural.

osera – hogar de un oso, normalmente bajo tierra o en la ladera de una montaña.

Índice

alimento 10, 12, 14, 18

América del Norte 4

Canadá 4

cavar 12

color 8

crías 18, 20

Estados Unidos 4

hábitat 6

hibernación 14, 16

joroba 12

osera 12, 16, 20

pelaje 8

abdokids.com

¡Usa este código para entrar en abdokids.com y tener acceso a juegos, arte, videos y mucho más!